改變的

———————

起點

01
目標

- 我們為何生而為人？
- 我們懷抱人生的夢想嗎？
- 旁人對我們的期望是？
- 我們的夢想是？
- 我們因何而快樂？
- 為何我們需要處理「傷悲」？

???

- 我們不喜歡哪些事物？
- 我們不喜歡是因為？
- 我們喜歡是因為？
- 為何有些人總是能成功？
- 為何有些人總是一事無成？
- 我們需要做什麼？怎麼做？

02
態度

- 我們所做所想的是正確的嗎？
- 我們的態度是正面還是負面？
- 若不能確定我們的態度為何，那我們該怎麼做？
- 我們該如何建立正面態度？

錯誤的思維 + 正確的作為	錯誤的思維 + 錯誤的作為
正確的思維 + 錯誤的作為	正確的思維 + 正確的作為

- 錯誤的思維和作為會影響我們嗎？
- 正確的思維和作為會影響我們嗎？

03
知何以然

- 多數的狀況我們都是茫然的。
- 我們行為造成的結果對我們的生活有多大的影響？

優質
生活

- 大多數人希望自己通曉萬事，因為他們深信如此一來就能成為智者。
- 我們雖然事事皆知但對人生真正需要的卻一無所知。
- 我們雖然樣樣精通，對人生最重要的事物卻視而不見。

04

珍惜時光

- 時間很重要。
- 為什麼大家總是說時間不夠用？
- 每個人得到的時間是相當的嗎？
- 我們何時需努力工作？
- 我們應該何時實現夢想？是20幾歲、30幾歲、40幾歲、50幾歲、60幾歲、還是80幾歲？

07 30

- 我們的人生還剩下多久時間？
- 我們是否善用時間？
- 我們在人生下半場該有何作為？

05

勁力生活

- 我們是否害怕追尋夢想？
- 我們的人生至今是成功還是失敗？
- 人類真的有心靈力量嗎？
- 我能像旁人一樣有屢敗屢戰的勇氣嗎？

- 我們為何如此軟弱？
- 我們想爭取，但又如此恐懼。誰可以幫助我們？
- 你確定當下的作為是有意義的嗎？

06

生命法則

- 我們該怎麼做才能成功？
- 我們要如何勝出？
- 輸家是怎麼想的？
- 你該如何爬到成功的頂端？

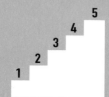

- 成功達陣有公式嗎？
- 為何有些人總是一事無成？是因為他們沒有掌握生命法則嗎？

07　做好事

- 憑心行善。
- 憑心為惡。
- 為善必結善果。
- 為惡者為何想摧毀他人呢？

- 做好事才能創造祥和的社會；真正的勝利並不會摧毀他人。

08　行為決定高度

- 我們何時應挺身而出？
- 我們能成功嗎？
- 有時我們不喜歡但必須去做。
- 我們能做到嗎？
- 我們是否害怕失敗重演？
- 失敗後，我們該做什麼，又該怎麼做？

- 然後我們就能富足嗎？
- 為了避免失望，別期望太高。
- 等等吧！現在的經濟情勢並不樂觀。

09　跨越低谷！

- 為什麼人生的困擾那些多？
- 為什麼我們不能是幸運兒？
- 我們都失敗過。
- 為什麼別人就那麼好運？
- 他們做了什麼因而富足？

- 為什麼我們總是麻煩纏身？
- 為什麼有些人的人生一團糟？

10

相信自己

我們

能從信心

獲得什麼？

Faith

贏家法則

?

?

?

輸家法則

只要

你做了任何

不該做的事，

那你一定輸。

你可以
為所欲為

你可以
實現所願

You Can Be
Anything You Want.

Change
Future

每個人都能
改變命運

CONTENTS

01

目標

Destination

如果人生如無舵之船，就只能在海上隨波逐流。不管風怎麼吹，我們都無力控制前進的方向。若是如此，我們怎麼知道向前走會有生機還是滅頂？

　　如同沒有目的地的旅程一般，旅行不帶地圖上路，也就沒有目的和目標，那麼你的所作所為都毫無意義。

　　如果人生已如迷途於深山密林中，那麼我們該怎麼辦？脫困無望令人害怕！

　　我們常常迷路卻不自覺，或是總要經過好長一段時間才驚覺轉錯彎；許多人更是至死都不知道自己早就走上錯誤的路。

　　不知道抉擇之路是對是錯卻仍然盲目前行，很難想像有人居然可以過著如此無知的人生。

生活方向錯誤的人，

總是招惹麻煩上門；

而生活方向正確的人，

則會獲得成功與快樂。

建立正確的思路得從精準的人生目標開始。

在選擇人生路徑之前，我們需要有正確的思維和正確的作為，

然後，我們才能品嘗「成功人生」的果實。

「快樂」正是來自正確的思維和正確的作為。

人生必須要有目標，目標不在乎大或小，
只要它是我們所設定的「目標」。

我們愈能精準地描繪這個目標，就愈能確保

「夢想成真」
dream come true

「不知道目標並不是我們的錯，
　但生命無味卻是我們的責任。
　因為是我們自己沒能理解
　如何選擇人生的目標。」

如同一個人走在街頭，
沿路漆黑無光。
只有無止無盡的黑暗，
他只好閉上雙眼摸索前進。

當我們的人生沒有方向，
我們必定看不到前路。
這就是我們過著錯誤人生的原因，
而且一生都將錯得離譜。

每個人的人生
各有不同目標

有人想富有，
有人想從大學畢業，
有人想擁有一棟房子，
有人想買一輛好車，
有人想交女朋友，
有人想當高球選手，
有人想賺更多錢，
而⋯⋯

有人想要真正的快樂。

有人想賺更多錢，
因此一生全心投入

經營事業

BUSINESS

有人的夢想卻很簡單

如果你不設定太過遙遠的目標，
你很容易得到快樂。

窩在家   ➡   快樂

讀一本書   ➡   快樂

寫一本書   ➡   快樂

享受親子時間   ➡   快樂

家人團聚   ➡   快樂

看電視   ➡   快樂

過簡單生活   ➡   快樂

想變成另一個人，很困難。

但如果你想要事業成功，
你只須全力以赴，落實你的夢想。

因為天下沒有白吃的午餐，
功成名就不可能不勞而獲。

我們要做的是——
找到「夢想」
並努力讓它成真。

GOAL

目標

必須事先確立，然後以它為座標，出發。

如果人生旅程沒有目標，你必定迷路。

如果你的**目標**是「**快樂**」，你必須**反向操作**，
因為「快樂」
並不需要你努力去爭取；
因為你的生命早已具備「**快樂**」基因。

假如你過度強求，
就無法得到「快樂」。

假如你不斷外求「快樂」，
快樂就會避開你。

「快樂」就像「蚊子」

一旦你有意識地想抓蚊子。
蚊子就會飛離你。

相反地，你若靜坐不動，
蚊子就會主動飛向你、叮咬你。

我們只要改變生命觀點，
「快樂」就會自然發生。

生命的目標

是

我們掌控

生命變化及

無常的方式；

判斷何者對我們的生命有益，

形塑了我們想成為怎樣的存在。

貪婪

是

一股想要

緊抓財富

的念頭，

是盤算著一輩子
獨享財富的私欲。

01

目標

- 多數人無法理解生命的簡單法則。

- 首要法則：生命要活得有價值，就必須善用我們的智慧，透過不停的思考來改善我們的生活。

- 優質生活的關鍵就是遵循我們的生命目標而前進。

- 每個人都能獨立思考，不同的是思考的內容為何。正確或錯誤的思維會帶來截然不同的結果。

每個人都過著各自的生活，
但有些人無法明白「人生」的真義：
若想活得精采該做什麼？
在哪才能活得精采？
何時該精采過活？
如何才得以精采過活？

對生活即在追求
生命目標的我們來說，
「快樂」或「成功」都能是目標。

生命像一趟長長的旅程，
若我們目的地明確、目標清晰，
我們必不會迷失，
如此一來，
生活也能變得更輕鬆簡單。

02

態度

Attitude

如果你只是想著「賺錢很難」，意謂著「你並沒有嚴肅地思考過如何賺錢」。就好比要求廚師去修車一樣，我能保證這名廚師會回答:「這對我而言太難了。」

同樣地，如果要求技師幫我們煮五道菜，他可能也會說:「這對我而言太難了。」**想像你被困在錯誤的道路上，找不到正途，思慮整個被卡住。**

這情況好比有人導致我們陷入進退維谷的境地，可是我們當下的思維模式已難改變，以至於難以從生命的僵局中脫逃。

金錢絕非萬能

只有

正確的思維

才能

扭轉頹勢。

你該留給孩子們的

| 重要事物 |

第一項

是

教育

第二項

是

正確的思維

留給孩子
珍貴的人生資產，
才能讓孩子有美好的未來。

一是給他們

「好的教育」

因為教育帶給他們
知識、良知、智慧，
以及理解他們為何該這麼做、
不該這麼做，
以及這麼做是否會給旁人帶來困擾的
社會常識。

二是教他們

「正確的思考原則」

因為孩子的成長過程中，

將面對許多不同的

人生經驗和遭遇，

每一次他們都得

自己決定

「什麼是對的」及「什麼是錯的」。

想要輕鬆地獲得

真正的 **快樂**，

取決於是否有好的態度。

如果我們無法掌控自己的人生，那我們的人生還能指望誰呢？

錯誤的思維	成功的思維
放棄	改變方法
指責別人	自我檢討
控訴環境	改變策略
負面思考	正面思考
懶散	開朗
投降	奮鬥
負債	資產
輕信	因果
困惑	知分寸
喪失記憶	理解
消息靈通	有專長
虛弱	找到力量
粗魯	勇敢
找藉口	改善
不抱希望	鼓勵
失敗	成功

就像坐錯位子一樣，我們很容易掉入錯誤的思考框架中而伸展不開。我們**得改變思考方式，就像換個合適的座位，才能蓄積力量。**

成功人士的成功方程式無不源起於正確的思維框架。當然，錯誤的思維框架並非什麼缺德的事，但它會在我們往目標前進的路上形成各種阻礙。

思維框架不正確的人面對「問題」時容易放棄；相反地，**擁有正確思維框架的人面對問題不會逃避或放棄**，而是**轉個方向繼續朝既定目標邁進**，直到目標達成。

而思維框架錯誤的人，總是責怪大環境不給他們機會，因而一事無成。

正確的思維

及

正確的作為

我們需要 **2** 大人生指導原則：

正確的思維

＋

正確的作為

如果你想摘取甜美的果實，
你得**努力工作**。

如果你想勝過競爭對手，
你得**比競爭對手更加努力**。

如果你願意**對他人施予善行**，
你**將會獲得美好的回報**。

不同的態度 讓我們

看待事情
的角度不同，

即使我們看的是同一件事。

如果我們想讓
我們的生活有點改變，

我們應該從
最重要的一件事入手，

也就是
改變思維。

02

態度

- 生命取決於我們如何思考以及如何運用大腦的智力。

- 很多人因為錯誤的思考框架,導致錯誤的生活方式。他們終生都對生命充滿困惑,直到離開人世。

錯誤的思維 + 正確的作為	錯誤的思維 + 錯誤的思維
正確的思維 + 錯誤的作為	正確的思維 + 正確的作為

在同樣的人生起跑點上，
每個人選擇了各自的方向。

有人選擇左轉，
有人選擇右彎，
有人選擇中道，
有人選擇前進，
有人選擇後退，

各人的選擇都是根據

各自的思維或態度。

沒有人有資格批判他人，
即使他人做了對的事或錯的事。

只有事後才能知道
我們是否感謝我們的選擇。

03

知何以然

Know How?

很多人喜歡談論生活中的挫折，但事實上，是他們選擇的生活才導致今日的結果。這些人的想法經常一成不變卻妄想實現目標。

不幸的是，在那樣的態度下，成功等於緣木求魚；他們就是不能明白，從他們選擇生活方式的一開始，他們的生命就已經迷失了。

他們困在所謂的「生命的僵局」中，並毫無自覺，自然難有出路；如果日復一日用同樣的方式生活、用同樣的方式思考，何以看清自己的問題所在呢？

我相信，只要他們覺察到原來自己一直都用錯誤的方法生活，他們將會立刻改變生活的方式。

只可惜，沒有人會告訴他們，什麼才是人生的正途。

沒有人可以告訴你，
你離成功的人生還有多遠。

大多數成功者其實並不清楚他們何以成功，他們甚至沒有閒暇思索成功的關鍵何在，又何來成功法寶可以傳授他人呢？他們把所有時間都拿來擴張事業，且分分秒秒專注在如何累積財富。

曾有數年的時間，我對成功人士如何發跡致富感到極大的興趣，我甚至相信已從他們身上找到了避開人生陷阱的方法。事實上是大多數人無法掙脫生命的泥淖，而且看起來彷彿無處可逃！只有極少數的人能跨越谷底，走向成功之路。

可惜的是，一旦他們步出迷霧，卻對脫逃的秘密不復記憶。

既然記不得通向出口之道，多數成功者也就不知如何傳授其他人從谷底翻身的技巧。就算有些解決手法，也僅適用於他們自己的困難而已。

因此，成功人士能傳達的也只是「解決不可預期的人生難題的技巧」，並非一套「成功的法則」。

一旦我們對世界有錯誤的觀點，我們就容易錯誤解讀任何事物，導致生活不如意，困在自己造成的混亂中。

　　思維框架不正確的人老是想法偏差，因而難以成事；可以說，成功和他們永遠是無法交集的兩條平行線。

　　打敗敵人最好的方式就是練習，愈練功就愈有擊潰敵人的機會，這是普世認可的道理。好比網球選手，他們取得勝利的不二法門確實惟有勤於練習而已，同樣的定律適用於運動界的各種競賽。即使天才如高球選手老虎伍茲，每天還是得在球道上練習數小時。

　　音樂家要成功也是唯「練」不破，而且得熬過數年的練習後，才可能一鳴天下知。

　　不成功的人常常埋頭於雞毛蒜皮之事，卻不關注大格局。有些事其實我們無需花心力理解，因為它們是多餘的，畢竟瑣碎小事無法給我們的生命帶來任何能量。

如果想踢好足球，
那必定要勤奮地
練習、練習，再練習；
愈練習，
腳下功夫就愈接近爐火純青。

如果想打好網球，
那必定要磨練技巧，
練習、練習，再練習；
每練習一天，
就愈往冠軍靠近一步。

人生「必知」的法則
就只是這個簡單的道理罷了。

如果想成為
行業中的高手，
也需要靠練習更上層樓。

我們需要具備專業知識
去了解那些我們必須知道的事。

相對地，
許多過得渾渾噩噩的人，
看似無所不知，
事實上對「自己」一無所知。

生活在矛盾中的人，就是那些

看似無所不知，
其實並不了解「自己」
的人。

他們對八卦瞭若指掌……
誰要結婚了？
誰跟誰在交往？
誰跟誰吵架了？
誰跟誰分手了？

他們消息靈通，尤其是旁人的事。
他們彷彿跟這些旁人住在同一屋簷下、睡在同一張床上。
但你若問起他們本身的事，
他們往往為之語塞。

你想要有怎樣的未來？
你接下來的十年有什麼夢想？
你的生命目標是什麼？
你的事業有多成功？
誰是你事業上的對手？
什麼是你事業的弱點？
你最享受工作的那一點？

所以

我們應該謹記在心的

是

我們無需無所不知，

只要知道⋯⋯

人生必知和需知的

就夠了。

03

知何以然

● 多數人無法理解生命的簡單法則。

● 我們能從很多地方獲得知識。

● 我們只需知道應該知道的就好,把無需知道的都丟到腦後吧!

優質
生命

● 我們該知道的是那些對生命重要的事,如此就夠了。

有很多方法論能幫我們判讀什麼是生命中重要的事物，卻也有很多手段能將我們推向愚蠢過活的境地。

　　試著回答以下七個問題：
　　① 五本最近讀過的書
　　② 五個最近看過的電視節目
　　③ 五個最近聽過的廣播頻道
　　④ 五部最近看過的電影
　　⑤ 五個最近最常交談的人
　　⑥ 五個最近最常在臉書上消磨時間的方式
　　⑦ 五個最近最常造訪的網站

　　在寫下你的回答時，請務必想清楚，要公平且不偏頗。這樣你就能了解你今天所做的這些事，是愚蠢？還是它們能助你更加接近「成功」。
　　假如你做的事令你更加接近「目標」，毫無疑問，你的生活就會「更好」。

04

珍惜時光

Life Time

珍惜時光的人，行事有決心並且全力以赴。

浪費光陰的人，行事輕率並且不知生命的價值。

我們惟有認知到如何能過得更好，

才能斷定我們的所作所為確實是值得付出時間的。

記得！

只要是不值得付出時間的事，

我們都應該立刻罷手。

若將生命分成 4 個階段：

第一階段 0至20歲

上學求知識。

假如我們好好學習，便可以有好的考試成績。然而，學業上的成功只是生命第一階段的成功而已，生命像是有四棒的接力賽，即使好的開始確實奠定了好的基礎，然而它並不足以保證生命最終的成功。

第二階段 20至40歲

生命的第二棒，我們必須花一半的人生來工作。

唯有理解我們的方向，才有目標和動力努力工作。

有些人可能得換上好幾次職業才能找到他們喜歡的工作。

照顧好

你的健康

然後

活得優雅

60-80歲

對家庭

和事業

負起責任

40-65歲

自我成長

努力工作

且接受

更多磨練

18-40歲

玩樂和讀書

0-18歲

第三階段 40至60歲

四十年的工作歷程讓我們變得老練。數十年的職場衝撞，所獲得的人生歷練和智慧讓我們「成熟」。有了貨真價實的知識和能力，於是我們已經準備好，也有資格在家庭和事業上扮演領導者的角色。

第四階段 60至80歲

人生的最後階段稱之為退休。沒有負擔，沒有煩惱，而且肩上的責任少了，我們已無需再工作。我們唯一的責任是照顧好自己的健康，保持合宜的身形以及硬朗、強壯的身體。教導年輕人時，我們以身作則，傳遞正面思考，敦促他們在社會上做個有用的人。

在漫長的職場生涯中，
我們確實可以選擇我們想做的。

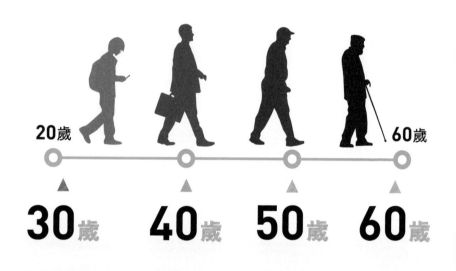

20歲

60歲

30歲 **40**歲 **50**歲 **60**歲

專注於
工作

專注於
工作

專注於
工作

專注於
工作

如果檢視我們的工作歲月，會發現20至60歲都是在職場奮鬥。也就是職場生涯大約有四十年。（我們在0至20歲和60至80歲是不工作的）

若將20至60歲的工作歲月再平均分成四個階段，就能理解我們要花多少心力才能在事業上成功。

職場第二階段的30至40歲，通常得付出更多的心力，因為在第一個階段，我們會花較多時間在休閒和娛樂；而30至40歲期間，我們則會傾向在工作上獲得成就感和快樂。

至於40至50歲這個職場的第三階段，我們需要更加注意，因為在第一、第二階段時，可能會經歷各種挫敗，而不知何去何從。所以在職場的四個階段中，第三階段絕對輕忽不得。

在職場前三個階段，我們有可能還找不到自己的方向，因此在50至60歲這最後階段會感到無助而迷惘，但別放棄、別鬆懈，此時得要有守有為。

想想……
還剩多少時光呢？

要做有益的事，
還是無濟於事？

輸家，愚者和贏家

輸家永遠指責別人，
愚者永遠責怪自己；
但贏家從不忙著怪罪自己。

贏家總是審視問題背後的原因，
然後馬上採取行動，
解決問題。

你總是匆忙急躁嗎？
如果你總是思慮不周，
在你老去之前，一定要有所改變。

我們可以選擇……

要在20歲或60歲時，
訂定工作的目標。

賣力工作之時，不為其他，僅僅是為了自己的選擇而盡責。

如果餘生能投入於想做的事、喜愛的事，那一定能樂在工作，不是嗎？

？ ？ ？

成功的格局
=
愛你所做
+
做你所愛

電池有氧化極和還原極，也就是我們熟知的陽極和陰極，二者合起來才能產生電力。電池釋放的電力能轉動手上的腕表或車輛，差別只是電池的大小而已。

　　一切的成敗皆取決於我們是否能在正確的時間和正確的地點做正確的事。

　　輸家永遠找藉口辯解他們人生的失敗，他們因為喜歡快速而拒絕等候，一心只想要盡快得到他們想要的，問題是他們想過好生活卻不願意付出，總之他們和充滿耐心的贏家特質恰恰相反。贏家願意試著等候，耐心爭取屬於他們應得的；拜正向思考之賜，他們一開始工作就知道如何找到成功的機會。

　　輸家選擇不做他人已經做過的事，贏家卻是一路走來不斷自我要求以精進工作能力；輸家總是很快放棄，贏家卻是不斷探索成功的最佳方程式；輸家老是抱怨：「什麼事都不可能，沒有達成的可能性，既然無力處理現狀，那何必費力改變呢？」贏家總是自我激勵：「沒有不可能的事，只要找到成事的方法就能有成功的機會；有方法自然就能克服困難，達成生命的目標。」

在你仍有選擇機會時，
大膽描繪你的未來！

當一個人生活不如意時，很容易成為旁人的傀儡。別人可能會將你玩弄於股掌之間，但一旦你失去利用價值，他們會毫不猶豫地將你一腳踢開。

就算你將人生開向不熟悉的目的地並且迷失了，在尚未找出正確路徑前，你仍得抱持必將抵達的決心。否則你會愈走愈迷路，等好不容易弄清楚身在何處時，早已無力回天。

很多人一早離開家時並不知道自己要往那裡去，因為他們並沒有生命的方向。如果你有目標，即使通往成功的旅程再長，你必定有前進的羅盤，不是嗎？

「五年後你想成為怎樣的人？」

如果你想當一名企業家，
你必須要學習如何成為一名成功的企業家。
如果你想當一名攝影師，
你必須要學習如何成為一名很棒的攝影師。
如果你想當一名老師，
你必須要循序漸進以成為一名作育英才的老師。
如果你想當一名警察，
你必須要有一顆身為警務人員的正義之心。
如果你想當一名醫生，
你必須要比別人更勤奮唸書。

如果你可以清楚描繪你的未來，
表示你能想像你將會成為怎樣的一個人。
如果你不能想像你的未來，
表示你的人生都在繞圈圈，
而且根本不知方向為何。

生命可以簡單些

如果我們能預視我們的目標。

現在讓我們任意選一條路，

展開生命的旅程。

不論是用走的還是用跑的，
有一天我們都會抵達終點。

許多人

並不知道

他們生命的羅盤

將指向何方？

他們迷失

且

躊躇不進。

很快他們就會在人生的荒原中

老去並死亡。

如果我們能明瞭
自己的旅程要去的地方，
那我們就能安排以汽車、火車、
飛機或其他交通工具
平安抵達目的地，
端看我們想快點到或慢點到而已。

它就像
從一地的此端到彼端一樣。

我們到達目的地可以有
很多路線和交通手段的選擇。

然而有錯誤思維框架
和錯誤反應的人，
很難有從此端到達彼端的可能性。

到不了彼端的困境
將使他們的生命比別人複雜，
因為前路紛亂，
卻沒有一條能抵達目的地。

迷路

不能讓生命更好，
你只有知道自己迷路了，
才能明白重新在地圖上
標定生命方向的需要。

找到並走在
能到達終點的正確道路。

你也許需要

轉身回頭
重新折返。

那條路徑必須是
領你走向目標的那條路，
只有你有心，
永遠都會有機會
找到那條路。

04

珍惜時光

- 我們在工作中遊戲。

- 我們應該休息時還在飲酒作樂。

- 我們入睡時，有人正在前往工作的路上。

- 我們筋疲力竭時，有人正在休息或已經退休。

- 我們和別人在同樣的時間休息。

07 30

- 我們一輩子做的選擇完全和別人相反。

- 結果，我們從來都未能善用時間。

只有我們學習並透徹理解，

時間對**生命**的重要性，

我們才能不至於再如過往一般浪費光陰。

你無須計算你的一生有多長，例如：

「我的生命還剩多少時間？」

以及

「我的生命已經浪費多少時間？」

那並不重要，

因為往者已矣，來者可追。

然而，我們可以重塑自己的未來，

只要我們願意向自己承諾，

未來的時間都要花在那些能讓我們靠近「目標」的事物上，

這樣才能給我們

一個更好的生活。

05

勁力生活
無限能量

Powerful Life
Unlimited power

每個人的能力不同，
想法也不同。

人一出生就有極大的能力，那是上天恩賜的天賦。無論富有或貧困，我們每個人都平等地被賦予不同的長才。

可惜只有少數人能發揮潛能，並且用在有意義的地方。

如果你可以用你的才能改變自己的未來，你將帶給自己和全世界一個很棒的轉變。

揮灑生命的能力

因為

力量讓我們強壯

精神讓我們有活力

愛讓我們勇敢

善意讓我們克服邪惡

感恩讓我們有良知

學習讓我們有智慧

愛

能改變眾人

很多人因為看到了、搜尋了，和發現了世界各地不斷發生的壞消息，因而對自己產生錯誤的認知，誤以為自己比較聰明。

壞消息成為他們理解世界的全部，在他們累積這類資訊的同時，這些壞消息也入侵他們的意識和潛意識，最後固著成他們的無知。

好多人自以為博學多聞無所不知，他們甚至宣稱完全能掌握外太空的動向。

即使科學家研究人類的大腦已有許多驚人的發現，但大部份人腦的細節仍然是謎團，可以說，人類的大腦是人類所知最複雜的結構了。

神經外科是研究人腦的運作和如何控制身體的一門科學，神經外科醫生利用所學已經能幫助截肢者重新啟動斷肢的力量；他們知道如何操控我們的腦波，阻絕腦波對斷肢發出「**它們辦不到**」的訊號。

解決困難的方法有兩種：

第一種方法是將「小問題」擴大成「大問題」。

第二種方法是將「大問題」化解成「小問題」。

不知道自己的問題的人，自然無法評估自己的弱點，也就無法解決自己的核心問題，因此導致小問題很快地延燒成大問題。

正確的思維和正確的作為才能讓你看清楚真正的問題。如此一來，大問題才能變成愈來愈小的問題，直到你得以全盤解決。

05

勁力生活

- 有時我們的身體得重新充電和重獲活力。

- 當我們受挫爬不起身時，我們需要休息。

- 唯有理解怎樣才能「過好生活」，我們才能
  學到如何放鬆，讓我們的內在重獲力量。

務必明白 生命的力量

是「過更好的生活」一個重要的關鍵。

我們能在成功人士的身上看到「生命的力量」。我們可能會問：「你如何能得到它？」或「為什麼你能得到那麼多力量？」

如果別人能得到，為什麼我們不能讓生命的力量在自己的身上動工？

因為所有的事追根究柢後，都會回到你自己，是你控制著自己的生命。

06

生命法則
Rules of Life

生命自有法則和原則

如果我們不知道該遵守什麼法則，我們就無從找到勝利的方法。不知道應該擊破的阻礙是哪一面牆？我們無從評估離成功還要多久？更無從計算應該對準哪個目標以便獲得人生的頭獎。

如果我們不了解生命法則，我們就只是在浪費時間並且沒有贏的可能。沒有人想要在人生棋局中落敗，可能有些人會自我催眠說：「他們不想要這個，那個也不需要，他們對人生毫無所求。」但一旦有人願意無條件提供他們時，他們卻毫不遲疑地趕緊接受。

假設我們有八十年的壽命，而生命進行的方式可以比擬成一場九十分鐘的足球賽，因為兩者同時都分成上下半場！

畫分上下半場最簡單的方法就是以四十年為期；一旦中場結束，我們得花點時間探索自己。一路走來是如何的風景？有人可能已經歷過了「再沒啥好說嘴」的階段，或也可能早已「經歷十次以上的失敗」。

就算上半場我們達成了兩個目標，或事業上已獲得兩個大成功。然而，若我們下半場過於鬆懈，我們仍可能一事無成，輸光上半生累積的成就。

我們的生命和力量常常同步枯竭，鮮少有人在年老後仍能匯聚很大的力量；同時，也很少人在人生賽局步入尾聲之際，還能爭取更多的時間。大多數人只能感嘆：「人生將盡，但雄心壯志不改當年。」

這些都只是美麗的詞藻，最終我們結果只有⋯⋯成為生命的「贏家」或「輸家」。

成功者給家人帶來尊榮；
失敗者給家人帶來恥辱。

我們必須要有耐性，
努力在人生賽局佔上風。

人生以「快樂」和「成功」為目標，
能否達成端看我們選擇的方向。

大多數人在上半場選擇
較簡單和較舒適的方法，
而在下半場才真正認真起來。
但因起步已晚，
錯失了取得優勢的機會，
終因年紀所限而難以為人生奮鬥。

不懂人生法則的人總是說：

「為什麼我的生命落得如此的下場？」

「為什麼幸運女神從不眷顧我？」

他們為遭遇的失敗而哭嚎、責怪別人，

永遠將不幸

歸責於周遭的人。

但，

深刻體會
生命法則的人，

他們總是能理解

該做什麼？
如何做？
從那裡入手？
何時啟動？

他們願意做任何事以完成夢想。
透過鍥而不捨地付出和全然的專注，
卯盡全力達成目標。

賽局總有結束，

但人生賽局並沒有終點。

我們無法吹哨放棄，
我們得一路挺進、
奮戰不懈，

直到
嚥下最後一口氣。

追尋
夢想

Follow
Your
Dream

生命的法則

有兩大選擇

❶ 做對的事
❷ 做錯的事

做對的事的人得以成功，
因為他們遵循正確的法則；

做錯的事的人不可能是成功者，
因為他們遵循錯誤的法則。

遵循對的法則能讓我們學得更多；讓我們能算得更精準；讓我們精通更多語言；讓我們可以讀得更快、可以有更多的朋友；讓我們可以更強壯、變得更聰明；讓我們可以更依賴自己，因此我們可以更有自信「我能辦得到」。

　　了解對的法則之所以能成功的道理，是因為他們告訴自己：「我可以」。如果再加上智慧，他們會毫不遲疑地說：「我當然可以辦到。」

　　遵循錯的法則也能讓我們學得更多；讓我們能算得更精準；讓我們精通更多語言；讓我們可以讀得更快、可以有更多的朋友；讓我們可以更強壯、變得更聰明，讓我們可以更依賴自己，然後我們更加深信「我辦不到」。

　　了解錯的法則之所以失敗的緣由，是他們根深蒂固地認為「這太難了，我不可能辦到。」如果再加上小聰明，他們毫無疑問會跟自己說：「我當然辦不到。」

人有成就許多事的
潛能。

有些人天生就是擅長各項運動的運動員，
有些人則是音樂家或企業家，
有些人則是總裁或名醫，
有些人則是科學家或政治家。

所以，

千萬別自我設限。

SUC

持續進步
並找到成功之路。

活得充實並且明白生命的法則。

掌握你的生命目標
能增長你成功的機會。

這樣你能清楚
人生的追求為何了嗎？

馬拉松跑者擁有一致的長跑技巧，
他們也都勤於練習，
身形相去不遠，
而且速度不相上下。
但每次馬拉松賽跑
都會有「贏家」和「輸家」。
任何運動比賽大概也都是這樣的情形。

其實每次馬拉松賽除了「贏家」和「輸家」，還有一群跑者，他們是「無法跑完全程比賽的一群」，而這一群跑者人數可不少。

「輸」或「贏」並不是馬拉
松最重要的比賽意義。
對「未能完成全程、抵達終
點的跑者」來說，最重要的
是他們展現出和完賽的跑者
之間差距甚大的──

「毅力」。

「贏家」和「輸家」
共通的一個特質就是

毅力。

他們在比賽中能夠得到觀眾的喝采
在於他們比其他未完賽的跑者
有更多堅持的毅力。

贏家代表的是最有能力
和最有毅力的
少數人。

輸家則是能力稍遜
但毅力同樣勝過其他未完賽者的
少數人。

相較於其他跑者，「無法跑完全程的參賽者」能力差一點、毅力也不夠，也可以是自我警剔時很好的借鏡。

　　有毅力的人遇到阻礙撞牆時，再累、再渴也不放棄。

　　他們依仗的別無他物，就是自身堅忍的意志力而已。因為他們知道，每邁開一步就往終點線靠近一步，最後他們就可以完賽，成為「贏家」或「輸家」。

輸家也值得敬佩，

因為他們只是無法超越贏家，

但他們一樣看到終點線，
並衝刺達陣。

他們內心深處很清楚每次比賽最寶貴的是

「贏過自己、為自己而跑」。

一生至少要辦到一回。

「無法完賽跑抵終點的人」

能力不見得輸人，
說不定更有天賦，

但可以確定的是，

他們的意志力
比起其他參賽者
差太多了。

缺乏耐性的人，
總是半途而廢、輕易放棄。

享受生命

生命是我們自己的選擇，
不會有人告訴我們，
何時該左轉或何時該右彎。

一旦我們的生命出了差錯，
在那當下，
我們總是指責別人，
而非自省，

這就是人性。

06

生命的法則

- 如果我們想活得像堂堂正正的贏家，那我們就要學會做對的事，而不是靠欺詐和謊言。

- 有尊嚴地奮鬥一回吧！

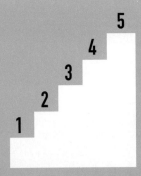

- 一定有獲取勝利的正道！

若我們能理解「真理」和這個世界的「本質」，

我們就能明瞭所謂成功，

是來自一種生命的「結構」。

結構的基本內涵包括：

奮戰＋毅力＋信任＋誠實＋勤勉＋耐力＋
企圖心＋創造力＋大膽思考＋勇敢＋謹慎。

你需要這些因子才能「成功」。

07

做好事

Do Good Things

這個世界需要──

菁英

和

好人

很多人希望做個「聰明人」。

我們總是想打敗別人、打敗同班同學、
打敗同齡的朋友、打敗其他學校的競爭者。

我們從小就被教導要和別人評比，
不但比，還要比贏才算有出息。

有時獲勝的渴望過於強大，以至於我們會不擇手段，
甚至扭曲了人生、走錯了路。

走上這條錯誤的路後，我們會不顧廉恥、
道德或倫理，只一味地求勝。

因此，這種勝利不是光明磊落的。

縱使這個社會高度競爭，

但仍有人願意為善，

行善施予他人，

可能施予好朋友，也可能施予陌生人。

身為一個「好人」，可能會有人占他們的便宜；

因此，有時候「好人」代表的是「愚人」，

也難怪沒有人想當

老是會被占便宜的好人。

做「善事」，無需和別人比較。

除了做「善事」，

也要做一個心中有「喜樂」的人。

行善不是為取悅別人，但行善會改變我們的人生。

如果我們一生有機會教導兩名學生，

第一名學生，我們教他做個聰明人

事實上這世界聰明人很多，
可是為什麼很多國家總是混亂無序呢？
不論哪個時代、哪個世代，都是如此吧？
隨著時間的推演，混亂的情況並沒有改變。

為何聰明人不幫助他們的國家變得更好呢？
為何聰明人只是獨善其身呢？
為何聰明人只是在小圈圈裡發揮影響力呢？
為何聰明人總是執著於權力呢？
為何聰明人總是想掌控一切呢？
為何聰明人無意回饋社會呢？
為何聰明人只要協助他人就想要得到回報呢？

第二名學生，我們教他做個好人

如果我們明白「善的意義」，
那麼好人將知道如何……

「付出」
「慷慨」
「自我犧牲」
「開闊心胸」
「慈悲為懷」
「寬恕他人」

這些特質能讓一個人帶給自己，
甚至帶給社會和世界一個
充滿快樂的未來。
社會再也沒有無謂的競爭，
人類才能有微笑和喜樂。

一個人的價值，

取決於他的 行為；

行為則取決於 成果。

如果成果是善的，
表示我們的行為必定是善的；
如此一來，

我們的生命
也因此變得更有價值。

所有的行動多多少少
會給生命帶來價值。

但對於各種行動的生命價值，
我們了解多少呢？

很多人一生做了很多好事，
卻並不清楚自己的一生所求為何。

關乎因果

做善事，你會得到滿足的感受。就像種下蘋果樹，就可以得到甜美的果實。若你對人心存惡意，那惡果就會回到你自身，因為種瓜絕無得豆的可能。

因果就像有人努力工作，自然會獲得比逃避工作的人更多的報酬一樣。不必憂傷也不要覺得被漠視，因為因果自有定數。

因果循環

因果循環正是自然定律，當我們愈能領悟這個道理，我們就愈能活得快樂。沒有困惑、沒有爭執，只有同意。

如果我們想當歌星，那我們就要練好歌喉；

如果我們想當音樂家，那我們就要練習彈奏；

如果我們想當老師，那我們就要專精於某個領域；

如果我們想當游泳健將，那我們就要勤練泳技；

如果我們想當工程師，那我們就要學習機電；

如果我們想當建築師，我們必須學習建築構造；

如果我們想存錢，我們得要有珍惜金錢的習慣；

如果我們想買新房子，我們得要有儲蓄購屋的計畫。

做正確的事並待人忠誠，
然後你就能期待

生命奇蹟的到來。

行為準則

懷抱著感恩與善意，
必回報自身受福。

做好事 = 得善報

買賣致富
勤勉必成
惰怠成空

觀察世界的原則——

首先，用你的眼睛；
其次，用你的心靈。

用眼睛觀察世界的人，
看到的世界
「和一般人所見並無不同」。

用心觀察世界的人，
會看見一般人
「難以看到的世界」。

用心看到的世界或一般人無法看到的世界，
是只有人類才能體會的層次，雖無法觸摸卻能感受。
因為我們是用心靈在看這個世界，
因此我們可以感受到它。

於是，我們若用善意看世界，

我們就能感受到發自內心的快樂。

若我們用感恩的心看世界，

我們的心靈將充滿喜樂。

若我們用荒蕪之心看世界，
我們的心靈將是無感冷漠的。

若我們用仇恨之心看世界，
我們的心靈是憤忿不平的。

用我們的眼睛
觀看這個世界

我們看到的是物質世界
而不是心靈世界，
如：

思維　維心
愛心　念
善善　緒
情緒
付出
分享

我們現代人經常無視於心靈，
一種稱之為快樂的狀態。

快樂是一種自由，

沒有顏色、沒有氣味、
沒有味道、沒有形態，

只能感受體會。

用心看世界

用心靈看這個世界的人。

經常會觀察到「真理」。

也只有觀察到真理，
你才能理解，
宇宙萬物深層的本質。

你會體認到這些字的意涵：

思維
愛心
善行
付出
分享

這些感受會給我們的生命帶來

「快樂」。

若我們想過坦蕩有尊嚴的生活，
我們就不該選擇
「行惡者」選的那條路。

我們能選擇
「想過的人生」，

因為我們所選的道路，
正是我們的生命之路。

世上沒有人
能掌握我們的人生，

只有我們自己才能操控自己的

命運。

07

做好事

● 「天堂」在我們的「腦」中，而「地獄」則在我們的「心」中。

● 行善不求回報才能確保福分於冥冥中能回到己身。

● 別吝於協助沒有你幸運的人。

● 用信任和友誼建立你的人脈圈。

● 不要殘酷和刻薄。

● 己所不欲勿施於人。

做好事，就像在傳播善念，
而善念能為我們築起一道防護牆對抗惡事的侵襲。

很多聰明人生活雖很成功，
但他們給下一代帶來什麼有意義的遺產呢？

假使世界上單單只有眾多的聰明人，
這個世界將被相互競爭淹沒，快樂必將消失。

假使這個世界有好多好多的好人，
每個人都願意分享，那我們就能共享快樂。

08

行為決定高度

行為準則

You Are What You Do

Rule of Action

我們愈努力工作、
流的汗愈多，
獲取的報酬也愈多。

這就是因果論。

不能明白「行為準則」的人，
不可能得到他們想要的成功。

有些人工作懶散；
有些人上班總是遲到；
有些人並不勤勞，
把工作時間都花在玩樂上，
或沈迷於上網、和朋友聊個不停。

結果就是，他們最後不可能「成功」。

如果有一個努力工作的人
比你更早獲得提拔，
不要感到驚訝。

下一代的年輕人擁有更多的資源，
也因此比起我們具有處理更多事務的能力。

那並不是
「前世輪迴」的必然結果。

那是你這一世的因種下的果，
是你現世的行為和決斷，
造就了你今日所受到的待遇。

當我們改變思維的模式，

我們就能看到

一個更美好的世界。

昨日・今日・明日

我們的人生，
從一開始就處在
可以選擇的三個狀態

❶ 昨日
❷ 今日
❸ 明日

有位認識的朋友曾跟我分享他成為成功企業家的豐功偉業，然而沒多久我就聽聞他遭朋友背叛，最後商業版圖分崩離析。

每次我見到他，從他的臉部表情和肢體語言，我都能感受到他身心已被擊垮且一蹶不振。

在與他結識的那七年，他總是抱怨朋友的背叛和對過往種種的憎惡。我起碼聽過二十多次他的血淚史。

有一天我又遇見了他，他對我說他馬上要展開新事業了。頓時我鬆了一口氣，因為他談的都是接下來即將開展的新工作，不再背負著過去的枷瑣，也表示他已放下過往的陰影，專注於未來的開展。因為，他學得了──

逝者已矣

我們無法修正過去，
但我們可以改變未來，
只要現在全力以赴。

100%成功的提示

就藏在我們所處的「現下」。

我們必須知道和了解，

很多人無法成功，

是因為他們不能理解

當下必須全力以赴的重要性。

假如我們有目標並採取積極的行動，

但結果不如預期，

那表示現在我們並沒有付出100%的行動。

今日不做，更待何時？

如果你想著：

「老天一年會給我兩次機會」，

那麼即使你錯失了一次機會，

你還可以等待第二次，但會花上你很長的時間。

然而

有些人只當
一生只有一次的機會，

因此奮力地把握這唯一的一次，

他們知道，機會不等人，

成功是給準備好的人。

如果我們不願選擇我們人生的道路，
而是放任旁人替我們選擇，
那我們怎能説這人生是我們的呢？

用贏家的心態來過生活，

如此一來，你才會覺得
自己就是贏家。

我們的未來是

今日行動的果，

未來與「想像」將來會如何無關，

未來決定於

「今天我們做了什麼？」

忘掉你昨日的失敗，
因為除了你自己，
沒有人會記得。

最關鍵的是，
你今日的行動必須謹慎，

記取過往犯錯的教訓，

才能免於失敗。

08

行為決定高度
行動準則

- 水能載舟亦能覆舟，存乎你的一念之間。
- 如果我們能覺察出自己正在行惡，你的良知才能阻止你。

- 言行合一才能改善並開創新的人生。

如果我們對牆丟一顆球，

球必定會反彈回來；

我們丟得愈用力，

反彈的力道就愈強。

行為準則

若我們做惡，

為惡的業障會回頭糾纏我們；

若我們行善，

為善的福報則會回向給我們。

如果我們「努力工作」，我們必能進步；

如果我們「怠惰推諉」，我們註定失敗。

「成功」的果實只有那些

採取正確行動的人才得以品嘗。

09

跨越低谷

谷多深……就跳多高

Jump Up!!

Jump over obstructions

包括你的人生在內，
沒有一個人的一生，

能無風無雨無憂無慮，
平順得毫無顛簸。

試著回想看看，並且問問自己
我的人生道路是正確的嗎？

正因越過了荊棘深谷，
才得以站在成功的頂峰。

生命取決於

我們的思維和視角。

假使我們認為生命是艱辛的，
那生命就會飽經風霜，
如同我們展望生命的方式。

每天我們都面對這樣的情緒——

疲累、被掏空、
失望和沮喪。

對於勤奮且具有野心的人來說，

生命值得奮鬥一番。

萬一倒下了，
那就再站起來吧。

人生縱有低潮打擊，

我們都必須
克服障礙。

如果你必須在

投降放棄

和

找到新出路

之間做選擇，

你會怎麼選？

投降放棄的人
永不可能實現他們的

人生夢想

永不放棄的人

總是

能找到實現

他們人生夢想的

新方法

解釋「我們何以失敗」

最簡單的方式有：

❶ 自我催眠。
那不是我的錯，我也不是故意的。

❷ 怪罪周遭的人或環境，
怪東怪西絕不怪自己。

成功的人做事全力以赴，

投注100%的時間也在所不惜。

（全心全意毫不保留）

成功的人總是願意修正失敗，

無論是「人為」或「系統」造成的錯誤，

他們必定從源頭修正起。

但和失敗妥協的人，

他們不分青紅皂白地責怪別人，

除了自己。

究竟是誰的錯？

他們糾結於這件事，就是不採取行動。

未經深思熟慮地計畫未來，
只是一意孤行，
並不會為我們帶來成功。

我們只是
自欺欺人罷了。

生涯規劃
是正向思考的起點。

我們需要找出
自己生命中美好的事物，

因為不會有人將它們

無條件地交在我們手上。

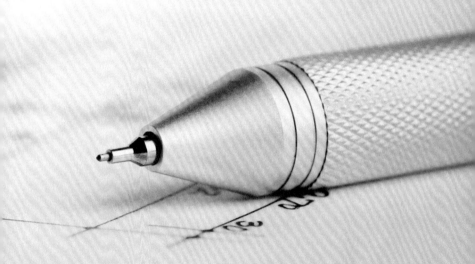

09

跨越低谷

谷多深，就跳多高

- 障礙對我們的工作和生活都會造成影響。

- 它們通常是禍不單行。

- 它們有時會困住我們。

- 障礙想擊潰我們、想將我們擊倒在地，我們必須堅強對抗，克服人生的所有阻礙。

不要「害怕」，保持「冷靜」，
隨時準備擊破任何擋在我們
和成功之間的阻礙。

我們每克服一次障礙，
距離「成功」
就更靠近一步。

面對荊棘深谷，
你無需懼怕。

持續保持克服它們的意志：

戰鬥！！！

10

相信自己

Faith in Yourself

當你湧生

相信自己

的想法，

奇蹟

自然隨之而至。

「辦不到」

這三個字的影響
有多大呢？

我們常常聽到「辦不到」這三個字，
你一定沒想到它**是全世界最重要的三個字。**

當有人說「我真的辦不到。」

那表示他們已經停止思考，

也表示他們已經開始懷疑自己。

如果我們有正確的思考框架，

我們的生命旅程將會順利些，
而且我們將不會喪失自信。

結果必和思考框架錯誤的人有所不同。

千萬別讓自己說出

「辦不到」

這三個字。

有些人有悲傷的人生故事；
某些人有更慘不忍睹的人生故事。

無論如何，只要說出了

我辦不到

和

我一定辦得到，

生命軌跡將奔向不同的方向。

也許當下還不知道怎麼做，
但很快他們就會思考，
並且想辦法完成吧。

只要開始有這樣的想法，
他們就已經成功了一半。

若我們停止思考，
那麼還要腦袋做什麼呢？

我辦不到

得出這樣結論的人從那一刻起，
他們對生命就產生了不同的視野，

前途也因而黯淡。

我辦得到

得出這樣結論的人從那一刻起，
他們對生命就產生了不同的視野，

往他們的人生夢想前進，
直到成真的一刻。

信心驅使著人們
去做超越極限的事。

唯一能驅動人們
往更高更遠探索的力量
就只有「信心」，
它無形無體不可觸摸，

但我們能感受得到它。

沒有「信心」的人，
就像
行屍走肉的活死人。

10

相信自己

● 「信心」讓我們活得有「希望」。

● 「信心」讓我們活得有「夢想」。

● 「信心」讓我們獲得重生的「機會」。

● 「信心」是我們不得見但可以感受的力量。

● 「信心」趕走陰霾、令奇蹟發光。

若你能體悟

「相信自己」的力量，

必定會讓你的生命充滿創意。

這世界需要所有人承認並自我許諾：

「我一定辦得到。」

即使有人說「你辦得到」，

但你若沒有信心「辦得到」，

「你一樣辦不到。」

即使有人說「你辦不到」，

但你若有信心「辦得到」，

「你必定辦得到。」

這才是 信心。

我們的生命
有很多路徑可以選擇，

但若我們的旅程缺少目的地，
一路就只有迷惘和困惑相伴。

生命旅途中必然有許許多多誘惑，
一旦我們迷路，就難以回頭。

沒有目的地會讓你彷彿身陷沒有出口的迷霧森林，
再也不能尋得正確道路。

一路走在正確的道路往目的地前進的人，
不會迷路，
很快就能獲得人生的成功。

贏家定律

必贏的三個法則

WINNER'S RULES
Rules of a Winner

贏家永遠親力親為，

並且

從不向命運低頭。

贏家法則共有 3 點：

❶ 奮戰不懈＋永不放棄

❷ 找到新方法

❸ 若你感到「絕望」，就再次回頭參考

第❶和第❷法則

成功的密技

當我們奮戰，心中想著「我絕不屈服」，
那你已「開始思考」突圍的方法了。

開始思考

=

找到新方法＋找到更多新方法
＋找到更多更多新方法，
能夠不斷不斷地得到好方法。

想得愈多，
你愈接近「成功」。

輸家定律

必輸的三個法則

LOSER'S RULES

Rules of a Loser

因為我們恐懼、筋疲力竭，
便向可能的阻礙低頭。

夢想可望不可得，
因為它讓我們沮喪。
（如果我們辦不到。）

未來遙不可及，
因為它讓我們辛苦地生活。
（如果我們辦不到。）

輸家法則共有 **3** 點：

❶ 緊咬著「我辦不到」不放

❷一遇到障礙馬上就放棄

❸ 一旦你想「起身對抗」就再次回頭參

考第❶和第❷法則

輸家密技

除了只想著「我辦不到」，
可能還有別的同義詞……

輸家每天只想到自己，
每天早上看著鏡子，然後對自己說：

「我很笨。」
「我不夠好。」
「我很懶。」
「景氣低迷＋工作環境不好。」
「賺錢太辛苦。」
「我怎麼那麼命苦？」

01

目標

- 我們為何生而為人？
- 很多人並不了解生活的簡單定律。

???

- 生活的第一步就是善用大腦多加思考。
- 成功生活的首要之務就是設定目標。
- 每個人都擁有自己的想法，但是如何思考？好或壞的思想，將決定他們人生的結果。
- 只要生命旅程有明確的目的地就能活得更好。

02

態度

- 生命最重要的是我們思考的方式及如何活用我們的大腦。
- 許多人有錯誤的思考框架，因此活在自我懷疑中、艱辛過活。

錯誤的思維 + 正確的作為	錯誤的思維 + 錯誤的作為
正確的思維 + 錯誤的作為	正確的思維 + 正確的作為

- 好的、正面的思考讓我們的頭腦清楚敏捷，同時也賦予我們生命的意義。

03

知何以然

- 我們可以從很多地方學得知識，然而此刻起你需要知道什麼是必要的，並將不必要的過濾掉。

優質
生活

- 我們得學習判斷什麼對我們的生活有益。
- 拋棄對生活無益也不需要的事物。

04

珍惜時光

05

勁力生活

06

生命法則

- 我們該工作時卻在玩樂，半夜還流連於娛樂場所。
- 別人起床、趕往職場奮鬥時，我們還在床上睡大覺。

07 30

- 我們才想試試看時，別人早已試過很多遍了。
- 每個人都是自己的行為的主宰。
- 結果，我們都未能善用時間讓我們生活得更好。

- 我們的生活有時需要充電或重新振作。
- 當我們感到挫敗被打趴在地時，我們需要休息一下，之後起身再戰。

- 若我們明白生活的起伏節奏，我們就可以接受放鬆及充電的必要性。
- 讓身心靈休息，直到我們準備好迎接生命的挑戰。

- 如果我們想要活得堂堂正正如「真正的贏家」，我們就需要學會做對的事。
- 以一個有尊嚴的人的身分去奮戰。
- 不靠謊言取勝。
- 若我們以正道取勝，勝利時我們應該感到驕傲。

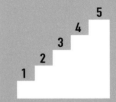

07

做好事

- 「天堂」在我們的腦中，而「地獄」在我們的手中。

- 行善不求回報將有福分回報己身。
- 做好事也能幫助社會更安全、讓人們更快樂。

08

行為決定高度

- 水能載舟亦能覆舟，今日種下之因，來日即為我們必嘗的果。

- 我們所做所想的一切，形塑了我們的家庭和事業的樣貌。

09

跨越低谷！

- 生命和事業的阻礙時常同時出現。

- 而且常常禍不單行。
- 有時我們對這些阻礙感到束手無策。

10

相信自己

- 「信心」讓我們活得有希望。
- 「信心」讓我們活得有夢想。
- 「信心」讓我們有復活的機會。
- 「信心」是我們看不見但可以感受的力量。
- 「信心」使我們有創造奇蹟的力量。

Faith

贏家定律

1. 奮戰＋奮戰＋奮戰，永不放棄。
2. 如果陷入絕境，你需要找到新方法。
3. 若你感到失望，就回頭參考第1和第2法則。

輸家定律

1. 緊抱「辦不到」不放
2. 無論障礙大或小，馬上就放棄。
3. 一旦你想「起身對抗」，回頭參考第1和第2法則。

人生大事之
改變的起點

作　　者／丹榮·皮昆（Damrong Pinkoon）
譯　　者／吳素馨
美術設計／倪龐德
內頁設計／亞樂設計有限公司
執行企劃／曾睦涵
主　　編／林巧涵
董事長·總經理／趙政岷
出版者／時報文化出版企業股份有限公司
10803 台北市和平西路三段 240 號 7 樓
發行專線／（02）2306-6842
讀者服務專線／0800-231-705、（02）2304-7103
讀者服務傳真／（02）2304-6858
郵撥／1934-4724 時報文化出版公司
信箱／台北郵政 79 ～ 99 信箱
時報悅讀網／www.readingtimes.com.tw
電子郵件信箱／books@readingtimes.com.tw
法律顧問／理律法律事務所　陳長文律師、李念祖律師
印　　刷／詠豐印刷有限公司
初版一刷／2017 年 6 月 9 日
定　　價／新台幣 250 元
行政院新聞局局版北市業字第 80 號

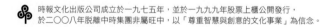

時報文化出版公司成立於一九七五年，並於一九九九年股票上櫃公開發行，
於二○○八年脫離中時集團非屬旺中，以「尊重智慧與創意的文化事業」為信念。

10 steps for changing your life by Damrong Pinkoon
© Damrong Pinkoon, 2015
Complex Chinese edition copyright © 2017 by China Times Publishing Company
All rights reserved.

人生大事之改變的起點 / 丹榮·皮昆 (Damrong Pinkoon) 作；吳素馨譯. 初版
臺北市：時報文化，2017.06 ISBN 978-957-13-7022-4（平裝）
1. 自我實現 2. 思維方法　177.2　106007515